I0007105

# BEI GRIN MACHT SICH .....
# WISSEN BEZAHLT

- Wir veröffentlichen Ihre Hausarbeit,
  Bachelor- und Masterarbeit

- Ihr eigenes eBook und Buch -
  weltweit in allen wichtigen Shops

- Verdienen Sie an jedem Verkauf

## Jetzt bei www.GRIN.com hochladen
## und kostenlos publizieren

**Bibliografische Information der Deutschen Nationalbibliothek:**

Die Deutsche Bibliothek verzeichnet diese Publikation in der Deutschen National-
bibliografie; detaillierte bibliografische Daten sind im Internet über http://dnb.d-
nb.de/ abrufbar.

**Impressum:**

Copyright © 2003 GRIN Verlag, Open Publishing GmbH
Druck und Bindung: Books on Demand GmbH, Norderstedt Germany
ISBN: 9783640518654

**Dieses Buch bei GRIN:**

http://www.grin.com/de/e-book/141718/lehr-und-lernplattformen

Arkadiusz Frydyada de Piotrowski

# Lehr- und Lernplattformen

**Kriterien zur Bewertung am Beispiel COSE**

GRIN Verlag

**Universität Paderborn**

Fakultät für Informatik

# Lehr- und Lernplattformen

## Kriterien zur Bewertung am

## Beispiel **COSE**

Eine Seminararbeit von

Arkadiusz Marcin Frydyada de Piotrowski

erstellt für das Seminar ‚E-Learning und Wissensmanagement
in der informatischen Bildung'

# Vorwort

Die vorliegende Arbeit wurde für das Seminar „E-Learning und Wissensmanagement in der informatischen Bildung" angefertigt. Dieses hatte zum Thema, wie IuK-Technologien für Lernprozesse in der informatischen Bildung nutzbar gemacht werden können. Neben technischen Aspekten wurden auch lernpsychologische, methodische und fachdidaktische Aspekte des Lernens in ICT enriched learning environments im Hinblick auf internationale didaktische und methodische Ansätze diskutiert.

Diese Ausarbeitung beschäftigt sich speziell mit Lehr- und Lernplattformen. Ziel war es auszuarbeiten, welche Anforderungen an sie gestellt werden und aufgrund dieser Erkenntnisse eine Plattform zu evaluieren, wobei der Fokus jedoch auf der Erstellung der Beurteilungskriterien lag.

# Inhalt

# Abbildungen

# 1 Einleitung

Zuerst stellt sich die Frage was ein Learning Management System (LMS) oder eine Lehr- und Lernplattform ist. Nach Schulmeister ist es eine Softwareumgebung, die für E-Learning, d.h. für die virtuelle Lehre und das virtuelle Lernen genutzt wird ([Sch03], S. 1).

Diese Umschreibung ist allerdings sehr grob und für ein besseres Verständnis möchte ich deshalb ein Beispielszenario anführen: *Ein Professor möchte zusätzlich zum Seminar Lernmaterial online anbieten. An der Universität steht für alle Lehrenden eine Lernplattform zur Verfügung. Also meldet der Professor sein Seminar als virtuellen Kurs im Rechenzentrum an und erhält die Berechtigung Tutoren und Studenten als Teilnehmer einzutragen. Er stellt daraufhin eine Zeitplanung über den Verlauf des Seminars in die Lernplattform, lädt Texte in Form von Lektionen und stellt Dokumente, Videos, Bild- und Tonmaterial nach Themen oder Sitzungsterminen gegliedert ins Netz.*

*Zu Semesteranfang bekommen die Studierenden ihre Zugangsberechtigungen und sind alle als Benutzer in dem LMS eingetragen. Sie melden sich mit Login und Passwort an und landen sofort auf einer Startseite auf der alle Kurse, für die sie sich angemeldet haben, vermerkt sind. Sie schließen sich zu Arbeitsgruppen zusammen, diskutieren in Foren und stellen ihre Arbeiten ins Netz. Das Lernmaterial und der Seminarplan können herunter geladen werden, um nicht ständig online sein zu müssen. Die Studenten verfügen über ein elektronisches Notizbuch und können ihre persönlichen Anmerkungen in den Lernmaterialien einfügen. Wenn mehrere Studenten eines Seminars in der LMS anwesend sind, können sie im Whiteboard, eine Art virtuelles Zeichenbrett, gemeinsam Diagramme oder sonstige grafische Modelle anfertigen und sich parallel über ein Chat austauschen.*

*Währenddessen überwacht der Dozent die Arbeit der Studenten und bekommt Auswertungen über Tests, die er in die LMS gestellt hat. Er erhält Informationen über Einhaltungen von Deadlines oder den Arbeitsfortschritt und kann bei Problemen unterstützend eingreifen.*

*Unabhängig vom Kurs können die Studierenden über die Lernplattform die Infrastruktur der Hochschule nutzen, indem sie z.B. ein Feriensemester oder Bafög beantragen, sich bei Hochschulkursen anmelden oder im Studentenwohnheim nach freien Plätzen zu suchen.*

Dieses Modell beschreibt ein sehr idealisiertes Szenario, das zu erfüllen zu Zeit keine Lehr- und Lernplattform im Stande ist, es gibt aber eine gute Vorstellung davon welche Chancen und welches Potenzial auf diesem Gebiet liegen.

Im Weiteren folgt eine Ist-Analyse der Prozesse an Hochschulen, aus der eine Liste von Anforderungen an ein LMS entspringt, die schlussendlich an dem Beispiel CO-SE verdeutlicht wird.

# 2 Prozessanalyse

In diesem Abschnitt sind Arbeitsprozesse aufgeführt, die an einer Hochschule im Bereich der Lehre anfallen und hier in Form von Use Cases dargestellt sind. Auf Grundlage dieser Analyse folgt die Formulierung der Anforderung, die an eine Lernplattform zu stellen ist. Die Prozessanalyse basiert auf denen von Doberkat et al. [Dob02]. Dieser Abschnitt erhebt nicht den Anspruch der Vollständigkeit und umfasst nur die Prozesse und Anforderungen, die mir am wichtigsten erschienen. Umfassendere Analysen sind in [Dob02] zu finden.

## 2.1 Aktoren

Zuallererst müssen die beteiligten Aktoren identifiziert werden. Diese sind die Lernenden, also die Studenten, das Lehrpersonal welches hier in die Aktoren Lehrender, Prüfer und Organisator eingeteilt wird und die Verwaltungsmitarbeiter. In der Studie von Doberkat et al. [Dob02] werden die Verwaltungsmitarbeiter noch in die Rollen der Technische Betriebe, der Prüfungssekretariate, des Studentensekretariats, der Studentenwerk, usw. eingeteilt. Ich habe diese zu einem Aktor zusammengefasst und vereinfacht, teils der Übersichtlichkeit wegen, teils, weil sie für ein LMS eine untergeordnete Rolle einnehmen und dies hier den Rahmen sprengen würde.

## 2.2 Die Lernenden

Die Lernenden sind die größte Gruppe an der Hochschule, weshalb ihnen die größte Bedeutung zukommen sollte. Das erste Diagramm beschäftigt sich mit der Wissensvermittlung. Diese besteht hauptsächlich darin, an Veranstaltungen teilzunehmen, wozu die Recherche, das Abrufen und Bearbeiten von Materialien und das Erstellen von eigenen Arbeiten gehört. Dies sind Tätigkeiten, die ein LMS unterstützen soll.

Abbildung 2.1: Use Cases Lernender 1

Das zweite Diagramm verdeutlicht die allgemeine Organisation des Studiums und die Nutzung der universitären Infrastruktur. Dazu gehört das Einholen von Informationen über das Lehrangebot, die Prüfungen, die Studienordnung oder den eigenen Fortschritt des Studiums. Der Student meldet sich zu Veranstaltungen und Prüfungen an, stellt Anträge für Beurlaubungen, Rückmeldungen, Freisemester oder Umschreibungen in andere Studiengänge. Außerdem nutzt er Einrichtungen wie Mensa, Bibliothek oder das Studentenwerk. Eine Lernplattform könnte hier also als Schnittstelle zwischen dem Lernenden und all diesen Einrichtungen fungieren.

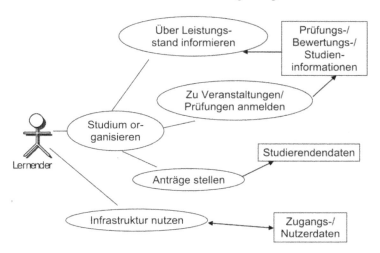

Abbildung 2.2: Use Cases Lernender 2

## 2.3  Das Lehrpersonal

Das Lehrpersonal ist in drei Rollen unterteilt, die des Lehrenden, des Prüfers und des Organisators, wobei jedoch eine Person auch mehrere dieser Rollen annehmen kann.

Die Aufgabe des Lehrenden ist es eine Veranstaltung zu halten. Er muss dazu, wie die Lernenden Recherchen durchführen und Materialien erstellen. Hinzu kommt, dass er diese auch distribuieren will, was auch die Möglichkeit zur Vorgabe einer Anordnung einschließt. Zusätzlich möchte er das Material z.b. in einer Vorlesung präsentieren. Eine Lernplattform könnte ihm z.b. die Möglichkeit bieten, dafür die grafische Benutzeroberfläche auszublenden.

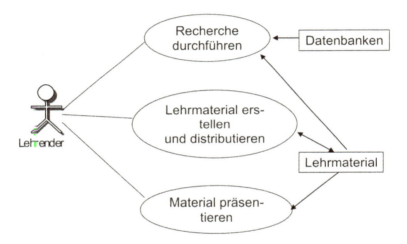

Abbildung 2.3: Use Cases Lehrender

Der Prüfer korrigiert und bewertet die vom Lernenden erbrachte Leistung. Die Korrektur bezeichnet dabei alle Arbeitsprozesse, die dem Lernenden Rückmeldung über die von ihm erbrachten Leistungen geben. Bewerten meint das Erstellen eines Qualifizierten Urteils der erbrachten Leistungen.

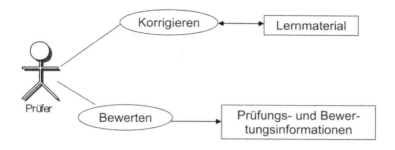

Abbildung 2.4: Use Cases Prüfer

Der Organisator muss die Veranstaltung in ein zentrales Vorlesungsverzeichnis eintragen, Räume, Zeiten und Kapazitäten festlegen und Zugangsvoraussetzungen kontrollieren.

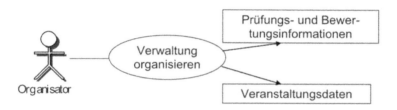

Abbildung 2.5: Use Cases Organisator

## 2.4 Die Verwaltungsmitarbeiter

Die Verwaltungsmitarbeiter umfassen ,wie schon oben erwähnt, viele Rollen und sollen hier nur vereinfacht dargestellt werden. Folgende Tätigkeiten der Verwaltung, die den Lehrbetrieb berühren, sind für eine Lernplattform relevant:

- Das Studentensekretariat verwaltet die Daten der Studierenden und hinterlegt die Studienordnung.

- Die Prüfungssekretariate der einzelnen Fachbereiche verwalten die Prüfungsleistung der Studierenden.

- Die technischen Betriebe sind für die Belegung der Räume und Gebäude zuständig.

- Das Studentenwerk und die Bibliotheksverwaltung kontrollieren die Nutzung ihrer Dienste.

Des Weiteren sind noch einige andere Tätigkeiten und Aktoren denkbar, die ich hier aber nicht weiter anführen möchte.

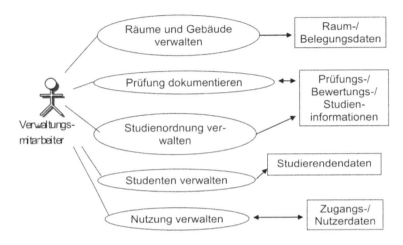

Abbildung 2.6: Use Cases Verwaltungsmitarbeiter

# 3 Funktionale Anforderungen

In diesem Kapitel werden auf Grundlage der vorhergehenden Prozessanalyse konkrete Anforderungen an eine Lehr- und Lernplattform spezifiziert. In Kapitel 2 wurde eine große Vielfalt von Tätigkeiten an einer Universität aufgeführt, es wäre allerdings unrealistisch und auch nicht unbedingt von Vorteil von einer Lernplattform zu fordern, all diese Prozesse zu realisieren. Es gibt wohl keine Lernplattform die diese Anforderungen erfüllen könnte, zudem existiert bereits Software, die an Hochschulen eingesetzt wird und die Teile der oben genannten Use Cases abdeckt, deren Qualität ein LMS nur schwer erreichen wird.

Deshalb ist der gesamte Bereich der Hochschulverwaltung aus den Anforderungen ausgeklammert. Es gibt bereits gute, funktionierende Systeme, die genutzt werden, und so ist es also sinnvoll, lediglich eine Kopplung an bereits bestehende ERP/HRIS-Systeme zu fordern.

9

Andererseits gibt es aber auch wichtige Funktionalitäten, die in Kapitel 2 nicht aufgeführt wurden, weil sie erst durch die Benutzung einer Lernplattform sichtbar werden, z.b. die Frage wie die Kommunikation ablaufen soll.

## 3.1 K.O.-Funktionen eines LMS

Lehr- und Lernplattformen zeichnen sich durch fünf Grundfunktionen aus, die sie von anderen Produkten, wie Software für Datenaustausch, spezialisierten Kommunikationsmethoden oder virtuellen Klassenräumen, unterscheiden ([Sch03], S.55 und [Sch01], S.189):

1. Benutzerverwaltung

2. Kursverwaltung

3. Differenzierte Rollen- und Rechtevergabe

4. Kommunikationsmethoden

5. Darstellung von Inhalten im Browser

Aus diesen Überlegungen folgt die Erstellung der Anforderungen an ein LMS, die in die Elemente Administration, Didaktik, Evaluation, Kommunikation, Technik und wirtschaftliche Aspekte unterteilt ist (Vgl. [Sch03], S.56 ff und [Sch01], S.190 ff). Ich führe hier nur Funktionalitäten aus [Sch03] und [Sch01] an, die ich als besonders wichtig ansehe, da hier eine vollständige Auflistung aller erdenklichen Funktionalitäten zu weit führen würde.

## 3.2 Administration

Als allgemeine Funktionalitäten muss die LMS über ein Logging verfügen, bei dem die Aktionen der Benutzer gespeichert werden. Es muss Backup / Safety Tools geben und um den verwaltungstechnischen Aspekt zu berücksichtigen muss entweder eine eCommerce-Komponente oder eine ERP/HRIS-Anbindung vorhanden sein. In diesem Zusammenhang ist es noch wichtig, dass ein Student die Möglichkeit hat sich online in einem Kurs anzumelden.

Im Rahmen der Kurs- und Benutzerverwaltung sind Import- und Exportfunktionen unabdingbar. Es ist wahrscheinlich, dass Benutzerdaten oder Kursinhalte aus einem Kurs in einen anderen übertragen werden müssen, aber auch von einem LMS in ein anderes LMS. Dies wäre z.B. der Fall, wenn mehrere Hochschulen an einem Projekt mitarbeiten oder unterschiedliche Fachbereiche unterschiedliche Plattformen benutzen. Um eine reibungslose Portabilität im Rahmen des Contentmanagements zu ermöglichen, müssen Standards wie IMS, SCORM o.Ä. unterstützt werden.

Ein wichtiges K.O.-Kriterium ist die Funktionalität der Einteilung in mindestens vier unterschiedliche Rollen: dem Administrator, dem Autor, dem Tutor und Student. Ein Autor muss die Möglichkeiten haben Kursinhalte bereitzustellen, einem Student muss dies vielleicht untersagt bleiben, während der Administrator als einziger die Erlaubnis hat, Ressourcen freizugeben. Das LMS soll zudem über eine differenzierte Rechtevergabe im Hinblick auf Schreib- und Lesezugriffe verfügen und innerhalb einer Rolle sollen sich die Benutzer des LMS gruppieren können.

## 3.3 Didaktik

Allgemein muss eine Lernplattform über eine Online-Hilfe verfügen, was der Forderung nachkommt, von überall im Internet auf die Lernplattform zugreifen zu können. Genauso ist eine gute Suchfunktion für Kurse und Benutzer vorauszusetzen.

Im Bereich des Kooperationsmanagements sind ein Whiteboard und Foren unabdingbar. Zusätzlich wäre eine Voting-Funktion oder ein Virtuelles Klassenzimmer wünschenswert.

Für Studierende müssen einige Werkzeuge zur Verfügung gestellt werden. Die Portalfunktion z.B. - eine Startseite mit individueller Kursliste von gebuchten Kursen, bei der sich der Benutzer nicht für jeden Kurs neu anmelden muss. Der Studierende muss seine eigenen Inhalte/Ergebnisse zu Kursen publizieren, er soll sich in den Kursinhalten eigene Annotationen setzen können, soll sich eigene Lesezeichen machen und sich im LMS eigene Notizen machen können.

Für Lehrende muss die Plattform noch weitere Werkzeuge haben. Ein eigener Kalender erleichtert die Arbeit, der Dozent muss individuelle Rückmeldungen an einzelne Kursteilnehmer z.B. durch E-Mail und Ankündigungen/Announcements automatisiert an alle Kursteilnehmer geben können. Die Versionskontrolle seiner Materialien ist auch eine wichtige Funktion.

Aus didaktischer Sicht sollte das LMS noch über Interaktive Tests & Übungen, wie Multiple Choice -, Lückentests oder Puzzles verfügen und deren integrierte Autorenwerkzeuge. Daraus folgt die Forderung einer Benotungs-/Bewertungsfunktionalität mit der Option zur Einsicht für Studenten.

## 3.4 Evaluation

Es ist wünschenswert in einem LMS Lernwege definieren und verfolgen zu können. Dieses sollte automatisch Reports und Statistiken, wie Anwesenheits- oder Prüfungsstatistiken erstellen.

## 3.5 Kommunikation

Bei der Kommunikation wird zwischen synchroner, z.b. Chat, Messenger, Videooder Audiokonferenz, und der asynchronen, wie Email oder Bulletin Board, unterschieden. Eine Plattform die ein breites Spektrum an Kommunikationsfunktionalität bietet, ist zu bevorzugen.

## 3.6 Technik

Eine Lehr- und Lernplattform muss die Darstellung von gängigen Dateiformaten (JPEG, HTML, PDF, DOC, PPT, XLS, GIF, Real, AVI, MP3, Flash, Shockwave, Java Applets, etc) beherrschen und über eine große Anzahl von Anwendungsprotokollen und Schnittstellen (HTTP, XML, ODBC, JDBC, FTP) verfügen. Die Maximale Anzahl von Studenten, Kursen, Online-Usern soll festgelegt werden können, die Plattform muss also Skalierbar sein. Das Arbeiten mit dem LMS muss sicher sein, die Authentifizierung muss über ein Login erfolgen und die Datenübertragung verschlüsselt sein. Im Hinblick auf Sprachwissenschaftliche Bereiche soll der Unicode-Support vorhanden sein und um die Portabilität zu gewährleisten, müssen die Metadatennormen wie IMS, AICC, SCORM o.ä. erfüllt werden

Auf der Serverseite muss als OS UNIX unterstützt werden, da es an den meisten Hochschulen eingesetzt wird. Es sollen möglichst viele Skriptsysteme (PHP, Perl, ASP, etc), Datenbanken (Oracle, MSSQL, mySQL, Sybase, etc.) und Webserver (z.B. Apache) unterstützt werden

Auf der Clientseite muss die Plattform möglichst OS-unabhängig und webbasiert sein und darf keine proprietäre Client-Software benutzen, um die einfache, systemunabhängige Erreichbarkeit aus dem Internet zu gewährleisten.

## 3.7 Wirtschaftliche Aspekte

Aus wirtschaftlicher Sicht gibt es keine genauen Vorgaben, wie eine Lizenz vergeben werden soll. Für einen kleinen Fachbereich mag eine Lizenz per Studierende sinnvoll sein, für eine große Uni eine Lizenz per Mandant oder sogar eine Landesweite Lizenz für ein Bundesland. Ein Open-Source-Produkt hat den Nachteil, des vielleicht fehlenden Supports, ist aber durchaus für Fachbereiche gut, die Arbeiten an dem System als Diplom- und Studienarbeiten vergeben können. Zwei Einschränkungen müssen aber erfüllt werden. Zum einen soll die Plattform keine fremden Urheberrechte enthalten, da die LMS-Hersteller abhängig davon werden könnten. Zum anderen kommen keine ASP-Modelle (Application Sharing Provider) in Frage, da die Hochschulen die Lernplattformen selbst hosten und administrieren können müssen, zumal die Kapazitäten dafür wohl meistens vorhanden sein dürften.

## 3.8   Bilanz

Die oben angeführte Auflistung ist nur ein Umriss der Ansprüche, die ein LMS erfüllen sollte, zumal diese von Fall zu Fall unterschiedlich sein können. Auch kann die Granularität dieser Forderungen unterschiedlich fein sein. Um allerdings auf Grundlage dieser Kriterien eine Lehr- und Lernplattform auszusuchen, sollte der potenzielle Kunde die verlangten Anforderungen nach ihrer Wichtigkeit einstufen, um zwischen unterschiedlichen Plattformen die Beste aussuchen zu können, zumal er die perfekte Lösung sicherlich nicht finden wird und vielleicht auch keine, die seine K.O.-Kriterien erfüllt.

# 4 COSE

Ein Ziel meiner Aufgabe bestand darin, auf Grundlage der oben angeführten Ergebnisse eine Lernplattform zu bewerten. Die Suche nach einer geeigneten Plattform erwies sich als nicht all zu leicht. Die großen kommerziellen Firmen wie Blackboard bieten kaum Möglichkeiten ihre Produkte zu testen, weshalb ich mich gezwungen sah, auf Open-Source-Projekte zurückzugreifen. Zuerst habe ich das Eledge Open Learning Management System [Ele] und Mimerdesk [Mim] unter die Lupe genommen. Diese waren aber so unausgereift und erfüllten die Kriterien so unzureichend, dass mir eine Analyse und Vorstellung dieser als nicht sinnvoll erschien. Schlussendlich habe ich das LMS COSE (Creation of Study Environments) in der Version 2.051 ausgesucht. Es ist ein Projekt der Staffordshire University, welches dort laut Website seit vier Jahren erfolgreich eingesetzt wird.

Im Weiteren habe ich mich mit der Plattform beschäftigt und habe sie, soweit mir das in der Testversion möglich war, auf die Anforderungskriterien untersucht. Ich habe hierbei keine Benotung der einzelnen Kriterien durchgeführt. Dies wäre aber auch nicht sinnvoll, da ich keinen Vergleich zu anderen Lernplattformen geführt habe.

## 4.1  Das Arbeiten mit COSE

Das Arbeiten mit COSE geschieht auf vier Fenstern. Im Basket-Fenster werden die eigenen Lesezeichen verwaltet. Gute Suchfunktionen für Material, Gruppen und Personen sind im Search-Fenster vorhanden. Im Editor-Fenster werden die Kurse und Materialien erstellt, wobei COSE anscheinend mit den meisten Dateiformaten zurecht kommt. Es ist eine gute Gliederung der Materialien z.b. in Lektionen etc. durchführbar, auch Verweise auf andere Kurse sind realisierbar. Es besteht auch die Möglichkeit eigene Notationen zu Inhalten festzuhalten, allerdings nicht direkt im Text.

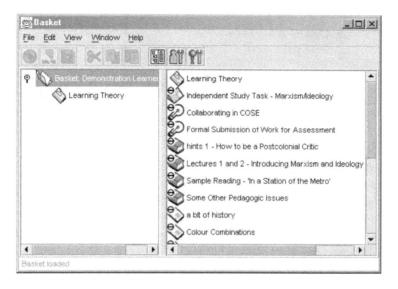

Abbildung 4.1: Screenshot des Basket-Fensters in COSE

Im Management-Tools-Fenster werden die Kurse und Gruppen organisiert und erstellt. Es gibt die Möglichkeit, Ankündigungen zu machen, Mails an Kursmitglieder zu schreiben oder zu chaten. Es existieren ein differenzierte Rollen- und Rechtevergabe, welche die Einteilung in Administrator, Supertutor, Tutor, Learner unf Guest und die Festlegung von Schreib- und Leserechten erlauben. Zudem kann man Metadaten festlegen und Import- und Exportfunktionen nutzen. Insgesamt empfand ich jedoch das Arbeiten mit COSE als etwas umständlich.

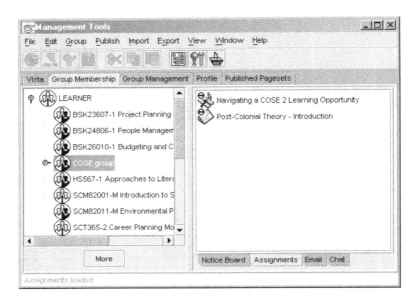

Abbildung 4.2: Screenshot des Management Tools-Fensters in COSE

COSE ist über freie Lizenzen zu erwerben. Als Server OS beherrscht es laut Dokumentation Unix, Linux, Solaris, Win9x, WinNT/2000 und WinXP und ist damit besonders vielseitig. Dies beruht darauf, dass es in Java geschrieben ist und nur die JVM zum laufen benötigt. Es unterstützt die Webserver Apache1.3+, MS II S 4.0+ und das Scriptsystem: Perl 5.6. Ich habe nicht herausfinden können mit welchen Datenbanken es zusammenarbeitet.

Zusätzlich werden auf der Seite des Client die OS MacOS 9.1 und MacOS X allerdings nicht MacOS 9 unterstützt. Man kann COSE über den IE und Netscape benutzen und es ist keine proprietäre Client-Software notwendig.

COSE erfüllt die IMS metadata specification v1.2.2 und die IMS content packaging specification v1.1.3.

## 4.2  Kritik an COSE

COSE besitzt kein Whiteboard, kein Unicode-Support, obwohl beides K.O.-Kriterien sind. Es gibt keine AICC-Fähigkeit und keine SCORM-Konformität, diese wurde allerdings für die nächste Version versprochen. Es hat keine eCommerce-Komponente oder ERP/HRIS-Anbindung und ich konnte in meiner Version auch keine Möglichkeit zur Online-Anmeldung entdecken, weshalb hier schon der Einsatz an einer Hochschule nicht befriedigend wäre. COSE scheint keine Foren und keine Versionskontrolle zu haben und zudem erhält man nirgends die Information, ob die Datenübertragung verschlüsselt ist.

# 5 Fazit

COSE ist sicherlich keine optimale Plattform und ist in ihrem Zustand für viele Hochschulen vielleicht auch ganz ungeeignet. Allerdings gibt wohl kein optimales Produkt auf dem Markt, also gilt es Kompromisse einzugehen. Zudem fällt auf, dass die Plattformen kein richtiges didaktisches Konzept verfolgen. Auf jeden Fall hat die Idee des LMS Potenzial und wahrscheinlich auch gute Aussichten sich an Hochschulen zu etablieren.

# 6 Quellenangaben

[Sch03] Schulmeister, Rolf: Lernplattformen für das virtuelle Lernen: Evaluation und Didaktik. München; Wien : Oldenbourg, 2003

[Sch01] Schulmeister, Rolf. Virtuelle Universität - Virtuelles Lernen.: München u.a., Oldenbourg 2001

[Dob02] Doberkat, Engels, Hausmann, Lohmann, Veltmann: Anforderungen an eine eLearning-Plattform –Innovation und Integration-, Studie im Auftrag des Ministeriums für Schule, Wissenschaft und Forschung in NRW, April 2002. http://www.uni-paderborn.de/cs/ag-engels/Papers/2002/Studie_elp.pdf. Abgerufen am 01.05.2003.

[Ele] Eledge Homepage http://eledge.sourceforge.net/ Abgerufen am 01.05.2003.

[Mim] Mimerdesk Homepage http://mimerdesk.org/community/ Abgerufen am 01.05.2003.

[COS] COSE Homepage http://www.staffs.ac.uk/COSE/ Abgerufen am 01.05.2003.

# BEI GRIN MACHT SICH IHR WISSEN BEZAHLT

- Wir veröffentlichen Ihre Hausarbeit, Bachelor- und Masterarbeit

- Ihr eigenes eBook und Buch - weltweit in allen wichtigen Shops

- Verdienen Sie an jedem Verkauf

## Jetzt bei www.GRIN.com hochladen und kostenlos publizieren